Teléfono celular intergaláctico

Escrito por Alan Trussell-Cullen

Ilustrado por Lori Lambson

Dominie Press, Inc.

Director General: Raymond Yuen
Editor Ejecutivo: Carlos A. Byfield
Diseñador: Greg DiGenti
Ilustrador: Lori Lambson

Derechos de autor del texto © 2003 Alan Trussell-Cullen
Derechos de autor de las ilustraciones © 2003 Dominie Press, Inc.

Derechos reservados. La reproducción o transmisión total o parcial de esta obra, sea por medio electrónico, mecánico, fotocopia, cinta magnetofónica u otro sin el consentimiento expreso de los propietarios del copyright está prohibida al amparo de la legislación de derechos de autor.

Publicado por:

Dominie Press, Inc.
1-800-232-4570

Cubierta de cartón ISBN 0-7685-2823-2
3 4 5 6 7 8 9 V036 12 11

Contenido

Capítulo 1
Jalea de naranja 5

Capítulo 2
El platillo volador 12

Capítulo 3
Una suspensión 19

Capítulo 1
Jalea de naranja

Pasábamos por el parque en nuestras bicicletas cuando Natalia lo encontró.
Natalia es la hermana gemela de Zoilo.
Yo soy Carlos, amigo de ellos.

Los tres fuimos a ver una película acerca de extraterrestres de Marte que vinieron a apoderarse de la Tierra. A los terrícolas que no obedecían, los marcianos los convertían en jalea de naranja. ¡Pavoroso!

Natalia se cubría los ojos. Zoilo y yo nos reíamos cada vez que convertían a alguien en jalea, lo que sólo ponía furiosa a Natalia.

"¡Carlos! ¡Zoilo! ¡Ustedes están arruinando la película!", se quejaba.

"¡Sí, seguro!", dijo Zoilo. "¡De todas maneras no la estás viendo!".

Por eso no andábamos juntos en nuestras bicicletas. Zoilo y yo montábamos nuestras bicicletas delante de Natalia, haciendo chistes acerca del hambre que nos daba todo ese montón de jalea.

Entonces escuchamos un grito de Natalia. Estaba mirando algo que estaba en el suelo.

"Creo que encontré algo", dijo Natalia.

"¿Es dinero?", pregunté.

"¿Es jalea de naranja?", preguntó Zoilo.

Natalia nos ignoró a ambos. Realmente había encontrado algo. Dejamos caer nuestras bicicletas y nos apresuramos en ir a mirar.

"Oye, ése es un celular", dijo Zoilo.

"Así parece", dijo Natalia. "Pero no tiene números".

En vez de números, tenía caracteres raros en los botones.

"Tal vez sea un teléfono japonés y esos números están en japonés", dije yo.

"No parece escritura japonesa", dijo Natalia.

"¿Así que ahora sabes japonés?", dije yo.

"Tiene una pantalla de mensaje grande", dijo Zoilo.

Él tenía razón. Pero de alguna manera no se parecía a ninguna pantalla de mensaje que habíamos visto.

"¿Por qué no tratamos de llamar a alguien?", dijo Natalia. "Entonces sabremos si es un verdadero teléfono".

"¿A quién llamamos?", pregunté. "Yo sé", dijo Zoilo. "Llamemos a nuestra maestra".

"Ah, seguro", dije yo. "¡Sólo te hizo quedarte todos los días después de las clases durante la semana! ¡Creo que eres la última persona con quien querrá hablar!".

Pero Natalia ya estaba marcando. Estaba oprimiendo los botones como si fueran números corrientes. "Estoy llamando a mi amiga Tina", dijo ella.

Puso el teléfono al oído y escuchó. De repente, comenzó a abrir más y más los ojos.

"¿Qué pasa?", preguntamos. "¿Es Tina?".

Natalia casi no podía hablar.

"Era una voz. Una especie de voz. Es como…".

Apartó el teléfono del oído.

Fue entonces que todos vimos la pantalla. Había estado en blanco antes. Pero ahora era un verde brillante, y en el centro estaba la cara de una criatura extraña, y parecía estar hablando.

"¿Zak zik rok rak? ¿Zak zik rok rak?".

Todos resollamos. ¡De seguro que no era

Tina!

Ninguno quería decir nada, pero Natalia finalmente dijo: "¡Creo que hemos marcado el número de una criatura extraterrestre!".

"Sí, seguro", dije yo. "Extraterrestre, seguro".

Capítulo 2
El platillo volador

"¡Contéstalo!", dijo Zoilo.

"¿Cómo lo voy a contestar?", dijo Natalia. "¡Yo no hablo Zak zik!".

"¡Zak zik!", dijo la criatura en el teléfono. "¡Espera cosa terrenal! ¡Yo conectar traductor para tratar de hablar idioma de cosa terrenal!".

"¿Cosa terrenal?", preguntó Zoilo.

"Creo que quiere decir terrícola", dije yo. No creía que esta "criatura" fuera realmente extraterrestre, pero le estaba siguiendo la onda.

"Mi nombre es Zeb, y vivo en el planeta Zakroide", dijo la criatura.

"¡Hola Zeb!", gritamos todos.

"Yo soy Natalia", dijo Natalia. "Y ellos son Zoilo y Carlos".

Entonces sucedió algo extraño. La criatura extraña de la pantalla comenzó a cambiar de forma. En poco tiempo parecía un niño cualquiera de la Tierra.

"¿Cómo hiciste eso?", preguntó Zoilo.

"Diseño gráfico", murmuré. Pero Zoilo me hizo callar.

"Nosotros los Zakroidianos tenemos control de nuestro propio ADN", dijo Zeb. "Eso quiere decir que podemos transformarnos para parecer cualquier cosa que queramos. Por eso nadie nos reconoció a mí y a mis padres cuando visitamos su planeta".

"¿Cuándo sucedió eso?", preguntó Natalia.

"Hace una semana, hora suya", dijo Zeb.

"¡El platillo volador!", dijo Zoilo.

"¿Recuerdan? Las personas decían que creyeron haber visto aterrizar un platillo volador. Y los televisores de todos se pusieron raros y las luces se prendieron en pleno día".

"Nadie cree en realidad que era un platillo volador", dije yo.

"Sí, bien, algunas veces nuestros cohetes hacen eso", dijo Zeb.

"Lo que pasa es que ellos funcionan con ondas de micro luces, y algunas veces pueden afectar las señales de comunicación. Pero estoy muy feliz que hayan encontrado mi TCI".

"¿Su qué?", preguntó Natalia.

"Perdonen", dijo Zeb, "TCI significa Teléfono Celular Intergaláctico. Probablemente se me cayó cuando estaba aprendiendo a usar un patín. Estaré en apuros cuando mis padres se enteren que lo dejé perdido. Probablemente estaré en detención larga".

"¿Cuánto dura una detención larga en Zakroide?", preguntó Zoilo.

"Extraño que tú preguntaras eso", dijo Natalia.

"Tú eres el rey de la detención".

"Dos años", dijo Zeb.

"¿Dos años de detención?", gritó Zoilo.

"¡Hombre, sí que son estrictos en tu planeta!".

"¿Hay alguna manera de hacerte llegar tu TCI?", preguntó Natalia.

"Sí, envíalo por correo", le dije a Zoilo con una risita.

"Podrían traérmelo si quieren", dijo Zeb.

Eso nos alarmó. Yo era probablemente el más alarmado.

"¿Estás bromeando, verdad?", preguntó Natalia.

"Oh, no", dijo Zeb. "Su escala de tiempo es diferente al nuestro. Yo tardaría años en regresar a su planeta. Pero puedo cambiar su ADN usando el TCI. Entonces puedo transportarlos aquí a Zakroide en veinte minutos, hora suya".

¡Casi me desmayo!

"¿Seriamente?", preguntó Natalia.

"¡Hagámoslo!", dijo Zoilo.

Yo estaba un poco intranquilo acerca de todo esto, pero realmente aún no lo creía. Las computadoras podrían explicar por qué estábamos viendo cosas raras en el teléfono celular. ¿Pero qué pasaría si realmente nos transportaran a otro planeta?

Capítulo 3
Una suspensión

Mi incredulidad no duró mucho tiempo más. Ser transmitido millones de millas a través del espacio es una experiencia rara. Primero, uno siente como que tuviera alfileres y agujas por todo el cuerpo. Entonces se siente como si lo estuvieran comprimiendo en una pequeña burbuja.

Al momento siguiente, abrimos los ojos, y ¡ahí estábamos en Zakroide!

"Bienvenidos a mi planeta!", dijo una criatura verde extraña.

"¿Eres Zeb?", preguntó Zoilo. "Pero eres totalmente verde... quiero decir... Te veías diferente por el teléfono".

"Así me veo cuando mi ADN es Zakroide", dijo Zeb. "También he cambiado su ADN a Zakroide. ¿Ya se han mirado?".

Todos nos miramos.

"¡Huy!", resollamos todos. No sólo nos habíamos vuelto completamente verdes desde lo que era nuestra cabeza hasta lo que ahora parecían los dedos de nuestros pies, sino que éramos casi redondeados, con forma de pera. Ya casi no teníamos cuello, sólo cuerpos que empequeñecían más hacia la parte de arriba.

Y nuestros brazos parecían salir de nuestros cuerpos del mismo lugar que nuestras piernas. Lo peor era nuestro pelo. Estaba parado como si algo nos hubiera asustado.

"¡Hombre, qué extraños se ven ustedes!", se rió Zoilo.

"¡Y tú qué hablas, aguacate parlanchín!", dijo Natalia.

"Miren alrededor mientras están aquí", dijo Zeb. "Es más, ¿por qué no van a la escuela conmigo por un día? Fingiré que son mis primos que vienen del otro lado de Zakroide".

"Pero no podemos pasar todo un día aquí. ¡Nuestros padres estarán preocupados!", dijo Natalia.

Zeb se rió. "Un día en nuestro mundo es como medio minuto en el suyo".

Las clases en Zakroide eran muy divertidas para Natalia y para mí. Zoilo, desde luego, se metió en apuros. Comentaremos sobre eso más adelante.

La escuela parecía un montón de

calabazas apiladas una sobre otra. Cada calabaza era un salón de clase. Los salones de clase eran totalmente redondos, pero tenían un elevador de plástico que subía por el centro. Se iba de un salón a otro tomando el elevador plástico.

No tenían cuadernos ni plumas. En vez, tecleaban todo el día en sus TCIes.

Sus maestros eran muy estrictos. Si alguien quería hacer una pregunta, en vez de alzar la mano, tenía que hacer un sonido como "vibrando los labios". Los maestros también hacían ese sonido cuando les hacían preguntas a los niños. ¡A nosotros nos parecía muy irrespetuoso! Zoilo no tardó mucho en comenzar a reírse. Zeb estaba horrorizado.

"¡Zoilo!", susurró Zeb. "En Zakroide nadie se echa risitas. Las personas piensan que es una falta de respeto".

Desde luego, esto hizo reírse aún más a Zoilo. De repente descubrió que el maestro

estaba parado delante de él y señalando el cuarto de suspensión. ¡Nunca adivinarán cuánto tiempo de suspensión le puso! ¡Seis semanas en total! ¡Por dicha que Zoilo no vive en Zakroide!

Durante la hora de recreo, Zeb, Natalia y yo tomamos el elevador plástico hasta el cuarto de suspensión. Estaba en la parte de abajo de la calabaza inferior. Zoilo estaba sentado en un banquillo, mirando un gráfico que mostraba la estructura química del ADN zakroidano y sintiendo pena por sí mismo.

"¡Seis semanas!", gritó cuando nos vio.

"¡Nunca regresaré a la Tierra! ¡Mamá y papá estarán furiosos!".

"Cálmate", dijo Natalia. "¡Son seis semanas zakroidanas! ¡Te esperaremos!".

"Y de todos modos", dijo Zeb, "Aquí en Zakroide, un día escolar tarda cinco meses. Estarás fuera de aquí para la hora de almuerzo".

"Quiero irme para la casa", dijo Zoilo.

"¡Pero nos estamos divirtiendo!", dijo Natalia.

"Después del recreo vamos a ver una película. Parece que así es como aprenden las matemáticas aquí".

"¡Quiero irme para la casa ahora mismo!", dijo Zoilo. Natalia le dio una especie de abrazo a su hermano gemelo. "Sólo te estamos molestando", dijo ella. "Zeb dice que podemos irnos a casa cuando queramos".

"¿Puedes transmitirnos de regreso desde aquí?", pregunté.

"¡No hay problema!", dijo Zeb. "O como dicen ustedes los terrenales, '¡Es una delicia!' ".

"Es fácil", dije yo.

Zeb comenzó a oprimir las teclas de su TCI. Una vez más sentimos alfileres y agujas. ¡Entonces nos sentimos como pasta de dientes que se estaba tratando de meter de nuevo al tubo! Y de repente, ahí estábamos, parados en el parque junto a nuestras bicicletas. Estábamos aturdidos al principio. Las personas que pasaban se nos quedaban mirando. Una señora hasta se echó una risita.

"No sabe que es irrespetuoso echarse risitas", dijo Zoilo."¡La suspenderán por meses y meses!".

La mujer dejó de reírse y se alejó apresuradamente.

Nos miramos. Parecíamos estar normales de nuevo, excepto nuestro pelo, que quedó bien parado. Tratamos de aplastarlo, pero simplemente se paraba otra vez.

Miramos nuestros relojes. Habíamos pasado un mes completo en Zakroide, pero según nuestros relojes, sólo había pasado media hora.

"¡Deberíamos regresar a casa antes de que nos metamos en apuros por llegar tarde!", dijo Zoilo. "¡No quiero más

suspensiones!".

"¡El último en llegar a casa es jalea de naranja!", dijo Natalia. Y nos alejamos pedaleando a máxima velocidad.